非暴力で世界に関わる方法

北大路 BOOKLET 01

心理学者は問いかける

伊藤哲司

北大路書房

世界からテロを大幅に減らすには一つの簡単な方法があります。
それは「参加しない」ということです。

（『ノーム・チョムスキー』リトル・モア）

非暴力で世界に関わる方法

伊藤哲司

はじめに

みなさん、こんにちは。ご紹介いただきました伊藤哲司です。今日ははるばる茨城県の水戸からやってきました。この姫路まで来るのは、けっこう遠いですね。いま、ご紹介いただいたように私は茨城大学人文学部というところで、社会心理学を担当している教員です。ふだんは大学生を相手に講義をしています。今日は高校生や中学生のみなさんがたくさんいるということで、どれくらいご期待にこたえられるかわかりませんが、できるだけ刺激的な話ができたらいいなと思っています。時間はあまり長くありませんが、精一杯話をしますので、よろしくお願いします。

タイトルは「非暴力で世界に関わる方法を求めて」（実際の講演はこのタイトルで行なわれた：編集部）ということなのですが、いまの日本社会のいろいろな問題を踏まえて――私はベトナムというところによく足を運んでいまして、こんなに日に焼けているのもつい最近また二週間ほどベトナムを歩いてきたばかりだからなのですけれども、そういう経験も踏まえたうえで――話をしたいと思います。昨夜実は、こちらの学校の谷川先生とお会いしまして、一杯やりながらいろんな話をさせていただきました。またそのときに、今回の文化祭の冊子などもいただきました。茨城を出る前に講演の準備はしてきたのですが、みなさんが作った内容の濃い冊子を読んで、今朝になって、もう少し内容を充実させたいと思い直しました。そうして、また構成を組み換えたりしていたら内容がどんどん膨らんできて……。時間が足りるかなと心配です。少し早口になるかもしれませんが、最後までなんとか話をしたいと思います。

こちらの学校のホームページを拝見したのですが、いろんな著名な方が講演に来られているんですね。田村亮子さんとか、ピーター・フランクルさんとか。そんな中で「伊藤哲司」と聞いても、きっと誰もわからないと思います。本は何冊か書いているのですが、そんなに売れているわけでもないので（苦笑）。今日初めて私のことを知ったという方がほとんどだと思うんですが……。私は大学教員になって十三年目になりました。今年で四十一歳です。「勉強」というのは、昔からあまり好きじゃないですね。だけど、「学問をする」ということはとても面白いことだと思っています。「勉強」というのは強いられ勉めてやるものですが、「学問」というのは自分で問うて学んでいくことなんです。大学にいることの面白さというのは、学問ができるということです。自分で問題を見つけて、それを考えて調べて新しいことを発見していくんです。これは「自分にとっての世界を変えていく」ということでもあります。みなさんも、いまは「勉強」せざるをえない境遇にいるのかもしれませんが、ぜひ近い将来「学問」をしてください。こんなに面白いものはないんですよ。

ところで私は、ベトナムやタイをフィールドとする研究に従事しています。「ベトナム戦争」という言葉を聞いたことがあると思いますが、そのベトナム戦争を経験したベトナムを通して、日本の社会や世界のことをとらえ、考えたいと思っています。ですから当然、今日のテーマである平和の問題、戦争の問題に非常に高い関心をもっています。それから、余談ですが高校、大学時代はラグビーをやっていました。こちらの学校には残念ながらラグビー部はないようですが……昔からスポーツは大好きです。もの好きでいろいろなことに興味があるので、田んぼで古代米というお米も作っています。これも一種のフィールドワーク（野良仕事）なんです。それから「エスペラント語」ってみなさん知っていますか？　エスペラント語という言語がありまして、一八八七年にポーランド人のザメンホフという人が作った人工言語なんですけれども、そういう言語に世界の共通語的な役割を担わせていこうという運動が百年以上にわたって続いています。かの宮沢賢治も学んだことがあるのがエスペラント語なんです。みなさんは英語が世界共通語だと思っているかもしれませんが、英語って考えてみたらイギリスの言葉だしアメリカの言葉だから、英語を世界の共通語にしたらイギリス人やアメリカ人、それにオーストラリア人など英語を母語とする人が有利になり、私たちにとっては圧倒的に不利になってしまいますね。でもエスペラント語はみんなが学ばなければ使えない言葉……だから平等に使える言語なんです。私は茨城大学で、エスペラント語の授業もやっています。こんなふうに、いろんなこと、多くの人が必ずしも興味をもたないことにむしろ興味をもって取り組んでいます。

もしウルトラマンがバクダッドに現われたら ｢正義｣をめぐって

それでは本題に入ります。唐突ですが、もしウルトラマンが現在のイラクのバクダッドに現われたら、彼はいったい誰の味方をして戦うのでしょうか。みなさん、どう思いますか？

ウルトラマンを知らない人はいませんね。ずっと以前から、私の子どもの頃からウルトラマンはテレビの中で存在していました。いろんなシリーズがあって、どのウルトラマンでもいいのですが、ともかくウルトラマンが現在のイラクのバクダッドに現われたら、彼はどうするのでしょうか？ アメリカ軍と一緒に戦うのでしょうか？ それともイラクの側――もっともイラクの側といってもその内部は複雑ですが――そちら側で戦うのでしょうか？

現在ご存知のとおり、日本の自衛隊がイラクのサマーワに派遣されています。もしウルトラマンがサマーワに現われたら、彼は自衛隊の味方をしてくれるのでしょうか？ それとも自衛隊をたたきつぶしに来るのでしょうか？

寺山修司という人が、こんな興味深いことを書いています。

つまり、月光仮面も少年探偵団も、ベトナム戦争のような国際的な事件には出動できない。そこでは、正義と悪とが複雑に交錯し、お互いに正義を名のり合っているので、それに参加をしようとする者は、自ら「正義の選択」を迫られるのだが、月光仮面の「おじさん」も、少年探偵員も、与えられた「正義」のためにばかり働いてきて、それを見きわめる「正義感」など、もつことができなかったのである。だが、正義のために働こうとするものは、自らの正義をつくり出さなければならない、というのが私の月光仮面への最初の注文である。

（『書を捨てよ、町へ出よう』角川文庫）

月光仮面や少年探偵団と同様にウルトラマンも、バクダッドでは立ち往生して何もできないだろうと思うんです。ウルトラマンは「正義の味方」ですね。ウルトラマンが「正義の味方」でいられるのはなぜかというと、「絶対的な悪」である怪獣がいるからです。実はウルトラマンは怪獣がいるからこそ、自分の正義や正当性を主張できるんです。でも「正義」とは何でしょうか？　現実の戦争の中では、どちらに「正義」があるのか、何が「正義」なのかということが、非常に見えづらくなり、しばしばわからなくなってしまいます。だから現実の戦争では、残念ながらウルトラマンは活躍できない。彼は「シュワッチ！」とは言うけれど、「正義とは何か」は語れないからです。

ウルトラマンも仮面ライダーも月光仮面も、とくに男の子が夢中になるそういう正義のヒーローたちは、残念ながら、どれも現実の世界ではとても活躍できそうにありません。

それでもテレビの中で、M78星雲からやってきたというウルトラマンが、長年にわたって人々に受け入れられてきたのは、どうしてなのでしょうか。これは心理学的には面白い問題です。私には四歳の息子がいるのですが、実は彼もウルトラマンが大好きでして（笑）。息子がウルトラマンに真剣に見入っている横で一緒に私も見ながら、「人は、こんなウルトラマンのような存在がほしいと、どこかで思っているのかな」と考えることがあります。「絶対的な悪」をやっつけてくれる「正義の味方」がほしい……戦争のような問題じゃなくても、私たちのまわりにはいろいろな問題があって、その解決のために「誰か○○をやっつけてくれないかな」なんて思うことは多いのかもしれません。そこに一種の夢を託しているのかもしれません。

『心のノート』中学生版（94・95ページ）

しかし「正義とは何か」という問題は、現実の平和や戦争について考えるうえで、とても重たい問題としてのしかかってきます。自分が「正義の側」にいると主張するためには、寺山修司が指摘するように、そもそも「自ら正義を作り出さねばならない」のです。しかしそれは、ちょっと考えてみればわかりますが、容易なことではありません。

みなさんもご覧になったことがあるかと思いますが、三年前から『心のノート』という冊子が小学生、中学生の道徳の補助教材として配付されています。その『心のノート』の中学生版の中に「この学級に正義はあるか」と書かれたページがあります。これを見ると私はとても違和感をおぼえるのですが、みなさんはどうですか？　ここで語られている「正義」とは何なのでしょうか？

もちろん「つらい思いをしている仲間はいないか」いう言い方で学校や学級の中でいじめられている子がいないかということを問いかけているのですけど、そもそも「正義」とは何なのかについては何も書かれていない。それはある意味で当然で、「正義」とは何かを説明するのは難しく、「絶対的な正義」というのはおそらく存在せず、立場が変われば「正義」はまったく逆転してしまいかねないものだからです。

寺山修司はこうも書いています。

私たちは〝正義〟が政治用語であると知るまで、長い時間と大きな犠牲を払わねばならなかった。たとえば、野球少年だった私にとって、ストライクは正義で、ボールは悪であった。（中略）審判はそれを一球ごとに判定し、正義と悪とを分類してみせるのであった。（前掲書）

二〇〇一年に起きた9・11のテロ事件は、みなさんも覚えていると思いますが、その後、アメリカは「テロとの戦い」を宣言しました。そのとき、アメリカのブッシュ大統領は世界に対して、「我々の側につくのか、テロの側につくのか」という問いかけをしました。それで日本はどうしたか。私たちの住む日本の小泉首相は、間髪入れずアメリカの側につくということを宣言したのでした。彼にはそれしか選択肢がなかったのだと思いますが、はたしてこれは、正しい選択だったのでしょうか？「テロの側」につくわけにはいきませんが、第三の選択はなかったのでしょうか？

ここで、ブッシュ大統領がどんな「正義」を語っているのかということが問題になると思います。と同時に、諸手をあげてそれを真っ先に支持したこの国の小泉首相は、何を「正義」と考えているのかということも、当然問題になります。

彼らは、どうやらウルトラマン同様に、テロリストを怪獣か何かに見なして、自分を「正義の味方」だと思い込んでいるようです。でも、「テロリスト」という「絶対的な悪＝怪獣」が最初からいるわけじゃないんです。ある状況におかれて暴力でしかみずからの正当性を主張できなくなった人たちを、そういう立場に彼らを追い込んだのかもしれない人たちが「彼らはテロリストだ」とラベルづけをしているというのが、ひとつの見方です。私はもちろんテロという暴力行為には反対ですが、彼らを単純に「テロリスト」とよぶことにも反対です。誤解をおそれずにいえば、彼らには彼らの「正義」があり、彼らの方法は決定的に間違っているとはいえ、その「正義」にも耳を傾ける必要があると思うのです。

私たちの住むこの日本社会で　憲法「改正」の気分

今年（二〇〇五年）九月の選挙で、自民党が歴史的な勝利をしました。郵政民営化が参議院で否決され、小泉首相が解散総選挙に打って出て、当初はもしかすると民主党が政権をとるかもしれないといわれた選挙でした。私も当初「小泉政権もこれで終わりだな」と予想したのですが、その予想は見事なまでにはずれてしまい、結果はまったく逆になりました。これが、私たちが住んでいる日本の現状の一側面です。

　ここにいる中学生・高校生のみなさんは有権者ではないけれども、この選挙結果は新聞などで見たかと思います。私は、少なくともこういう結果にならない方向を願って投票しました。でも結果はこういうものでした。みなさんは、自分自身が一票を投ずる権利をもっているとしたら、どういうふうに投票したでしょうか？　他人事ではなく、自分自身の問題として考えてみてください。

　選挙の前、小泉首相側はこう私たちに問いかけました。


　前進か、後退か。改革か、停滞か。いま、改革のための最後の戦いが、始まろうとしています。敵は、日本列島を覆う錆び付いた鎖です。改革を阻もうとする守旧派、公務員や教員の労働組合に屈する民主党など錆び付いた鎖をさらに頑丈にしようとする勢力との戦いです。（中略）わが党は小泉総裁を先頭に、断々固として改革を推し進めます。小泉の改革に力を。改革は、国民との約束です。だから、改革を止めない。自民党は、古い鎖を断ち切ります。自由民主党は国民とともに改革のかがり火を未来に向けて、明々と燃焼させる決意です。

（自由民主党のホームページより）


「前進か後退か。改革か停滞か」、つまり自分たちの側につけばそれは「前進」であり「改革」である。つかなければ「後退」であり「停滞」である。今回の選挙はそういう二者択一の選択肢だよというメッセージを、小泉首相は有権者に送ったんです。これは奇しくもさっき話したブッシュ大統領の「我々の側につくのかテロの側につくか」という一見わかりやすい二者択一の選択肢と、とてもよく似ています。つまり一方は「正義」へと続く道、もう一方は「悪」へと続く道と言いたいのでしょう。

それで今回は、彼自身が「改革の推進者」という「正義の味方」であり、それ以外は「悪」であるというイメージが、非常に巧妙に作られてしまいました。マスコミも連日、そんな小泉首相の姿を映し出し、その印象を強めるのに結果的に一役買いました。そして、「抵抗勢力に妨害されてかわいそうだな」と思われ、そんな中で小泉首相が孤独に本気で戦っているように見えてしまって、「かっこいいな」とか、「あんがい頑張っているな」とか思いながら、多くの人が投票したのじゃなかろうかと思うんです。新聞報道などによると、むしろ若い二十代の人たちがそういう投票行動したといわれています。

多くの有権者にとって小泉首相は、既成の概念や常識という「悪」を打ち破ってくれる、ウルトラマンのようなヒーローに一瞬見えてしまったのかもしれません。たぶんこんなふうな見られ方をして選挙結果が出てくることは、これまでにはなかったことでした。だから、今回の選挙の結果はいままでとはちょっと違うという感じがするんです。まだそれはこれからの経緯を見ないとわかりませんけれども、何かの歴史的な転換点になるかもしれないという悪い予感がします。「独裁者」の出現……と言ったら大袈裟に聞こえるでしょうか。しかしかのヒトラーも、考えてみれば国民から「民主的」に選挙で選ばれた人なのでした。

そして問題は、この次の段階に何が来るのかということです。

いま日本社会というのは、現憲法を「改正」しようという方向に進んでいるように見えます。その憲法を変えるべきだと声高に叫んでいる人たちが最も変えたいと思っている憲法の条項があります。それは何かというと、みなさんもおわかりになると思うのですが、憲法第九条です。たぶん授業でも習ったと思うんですが、一度それを読んでみます。

日本国憲法第九条

日本国民は、正義と秩序を基調とする国際平和を誠実に希求し、国権の発動たる戦争と、武力による威嚇又は武力の行使は、国際紛争を解決する手段としては、永久にこれを放棄する。

2．前項の目的を達するため、陸海空軍その他の戦力は、これを保持しない。国の交戦権は、これを認めない。

このようにこの国の憲法には書いてあります。この条項が作られた経緯はともあれ、アジア・太平洋戦争のときに日本軍がずいぶんひどいことをし、アジアの人々をたくさん傷つけ、日本人もたいへん困難な状況に陥ったその反省の上に、この「戦争はもう二度としない」、「だからそのための軍隊はもたないことにした」ということを決めたんですね。

憲法というものは、もちろん国の最高法規であり、これはよく誤解されているのですが、国民が国家に対して発している命令なんです。つまり国民を縛るものではなく、国家を縛るものなのです。日本国憲法はＧＨＱによって押しつけられたものだとかといわれますが、しかし憲法の位置づけというのは、作られた経緯はともかく、そういう位置づけのものなんですね。

では実際に、この国民からの命令を、日本という国家が真摯に受けとめ誠実に守ろうとしてきたかとふり返ってみたときに、残念ながら現実にはそうではなかったと言わざるをえない。むしろ、少なくともこのことに関して日本という国家は、叱られてもあっかんべーをしていうことを聞かない悪ガキのように見える。子どもならそれも可愛いですむかもしれませんが、それが国家ですから可愛くともなんともない。どんどんなし崩しにしていき、警察予備隊から始まった自衛隊という軍隊に準ずる組織が、いまやイラクにまで行くようになってしまいました。もともとの憲法九条の精神からすると、ずいぶんそこからかけ離れたことをやっているわけです。

そういうふうに現実とずれてきたというのは多くの人が認めると思うのですが、自衛隊だって頑張っているんだし、「人道復興支援」をやって「国際貢献」をしているんだし、それを追認するような形でもう少しちゃんと憲法上でも位置づけられるようにしたらいいのではという考えが、いま出てきているんだと思います。しかし、イラク人が数多く傷ついたり亡くなったりする戦争を支持しておいて、「人道復興」もないのではないでしょうか？

憲法第九条というのは、ひとつの崇高な理想を謳っているのだと思います。なにせ「陸海空軍その他の戦力は、これを保持しない」と言いきっているのですから。それこそ世界に先がけて、すごいことを謳っている。実はこの憲法第九条というのは日本だけでなくけっこういろんなところで注目されています。先ほど私はエスペランチストであると言いましたが、エスペラント語にも訳されています。

エスペラント語ではこんなふうに書くのです。みなさん、この言語を聞くのは初めてだと思いますが、エスペラント語では書いたとおりに発音します。私が読んでみますので、目で追ってみてください。

LA KONSTITUCIO DE LA REGNO JAPANIO ARTIKOLO 9

La japana popolo, sincere dezirante internacian pacon bazitan sur justeco kaj ordo, por ĉiam forlasas militon kiel ekfunkcion de ŝtatpotenco kaj minacon per armforto aŭ ĝian uzon por solvi internacian konflikton.

2. Por realigi ĉi tiun celon ĝi ne tenas landan, maran, aeran, kaj aliajn militpovojn. Ĝi ne agnoskas militrajton de la regno.

(http://www.hcn.zaq.ne.jp/rondo-ken/konstitucioUni.html)

どんなふうに耳に響きますか？　憲法第九条がエスペラント語にも訳されているということは、日本語がわからない人でもエスペランチストならば読めるということです。エスペランチストは、実は世界中に百万人ぐらいいます。どこの国の言葉でもないのですが、どこの国に行っても、たいてい少数派ながらエスペランチストはいます。私がよく行くベトナムにもいます。アメリカにもいます。ヨーロッパのいろんなところにもいます。中国にも韓国にもいます。そういう人たちがこの文章を読んで意味がわかるのです。

憲法第九条は、エスペラント語の他にも英語やその他の言語にも訳されているのですが、エスペラント語を創案したザメンホフの精神――彼は、個人がどこかの国家や民族の一員である以前に人類の一員であるという人類人主義（ホマラニスモ）を唱えました――からすると、エスペラント語で読まれるのは、まことにふさわしいという気がします。これが忠実に実行に移されて、そこで謳われている理想が実現したならば、どんなに素晴らしいことでしょうか。日本の憲法だけでなく、各国の憲法に同様の条項ができたなら……私はそんなことを夢想します。

ところがこれをやっぱり変えたいという勢力が、日本では力をもち始めています。今年（二〇〇五年）の夏に自民党が新憲法第一次案というものを出しました。その中にはこんなふうに書いてあります。現在の憲法の第九条第二項にあたる部分です。

　侵略から我が国を防衛し国家の平和ならびに独立ならびに国民の安全を確保するため自衛軍を保持する。

2　自衛軍は、自衛のために必要な限度での活動のほか、法律の定めるところにより、国際社会の平和及び安全の確保のために国際的に協調して行われる活動並びに我が国の基本的な公共の秩序の維持のための活動を行うことができる。

3　自衛軍による活動は、我が国の法令並びに国際法規及び国際慣例を遵守して行わなければならない。

4　自衛軍の組織及び運営に関する事項は、法律で定める。

自衛隊じゃないですよ。自衛軍を保持する、正式に軍隊にするっていっているのです。そして、「自衛軍は自衛のために必要な限度での活動のほか、法律の定めるところにより国際社会の平和及び安全の確保のために国際的に協調して行われる活動ならびに我が国の基本的な公共の秩序の維持のための活動を行うことができる」と、こんなふうに書かれています。これは現状を追認しつつ、なおかつさらに進展させようという方向だということがおわかりになると思います。そして、これを私たちがよいと考えるかどうかが、ひとつの大きな分かれ目だと思います。

軍隊は私たちを守ってくれるのか？

小泉首相は、「備えあれば憂いなし」と言います。あの歯切れのいい言葉でね。あの人はポンポンポンとうまく言いますから。いまの北朝鮮の脅威などを誇張して喧伝し、「だから備え——軍隊による防衛——が必要だ」と言いたいのでしょう。

ですが、私たちが軍隊をもったとき、それは本当に私たちを守ってくれるのでしょうか？「自衛軍」と新憲法案に書かれてありました。「自衛」、つまり自分たち、私たちを守るのだという……そのための軍隊だというのですが。

『リヴァイアサン』という本があります。イギリスの政治哲学者トマス・ホッブズという人が書いた本です。ダグラス・ラミスさんという人、この人はアメリカの元海兵隊員という経歴をもちつつ、現在は日本で平和に関わる活動をしている人ですが、彼は著書『経済成長がなければ私たちは豊かになれないのだろうか』（平凡社）の中で『リヴァイアサン』に言及しています。それによると、国家というものが存在しなければ「万人と万人による闘争」が支配する世の中になってしまうとホッブズは予想しました。だから国家が必要であると。そして、その暴力という力の行使、ときには誰かを殺めるような力をもつ権利を政府にだけ、つまり国家にだけもたせれば、国家が代わりに社会の安全を保障してくれるだろうと、そういう期待を私たちはもつことができる。みんながみんな鉄砲をもったらこわいけれども、きちんとした管理のできる国家がそれをもてば、それで社会の秩序が保たれるのではないか、というのがこの話です。

いわゆる近代の国家というものが定着していったのが二十世紀です。それでダグラス・ラミスは、二十世紀は実はホッブズ理論の大実験の時代だったというんですね。軍事的な力をも行使できる権利をもった国家によって、本当に社会が安全になって国民たちが守られたのかどうかということです。

でも実は、二十世紀ほど暴力によって殺された人間の数が多かった世紀はないんです。そして最も多く人を殺したのは誰か。個人ではありません。マフィアとかヤクザとかでもありません。国家なんです。国家が一番人を殺しているんです。ランメルというハワイ大学の先生が『Death by Government（政府による死）』（Transaction Publishers）という本を書いているのですが、それによると二十世紀に国家によって殺された人の数の推定が二億人を超えるんだそうです。日本の人口が一億人ちょっとですから、その倍近くの人が実は二十世紀の時代の中で国家によって殺され

『Death by Goverment（政府による死）』（R.J.Rummel著）

「兵士たちの墓標」（写真・中村梧郎）

ているんです。

さらに、軍隊をもった国家は一体誰を殺してきたのかということが問題です。二十世紀の時代に戦争がたくさんありました。そのときに「敵」と見なす国の兵士たちとか、あるいは民間人であっても「敵」の国の人たちを殺しているのであれば——これももちろんよくないと思うのですが——まだ理解できないわけでもない。ところが国家は、敵国の兵士を殺すけども、兵士よりもはるかに多くの民間人を抑圧して殺してきましたし、さらにはそれ以上に、信じられないかもしれませんが、自国の国民をたくさん殺してきているんですね。それが現実です。

実に驚くべきことですが、国家によって殺された二億人超のうち約一億三千万人が自国民だそうです。つまり、国家が軍隊をもつことによって、他国と戦争をすることもありますが、自国の秩序を保つためにという名目で、自国民を殺すということをしばしばするんですね。それにときに国家というのは自国の兵士でさえも見殺しにするというのがまぎれもない事実です。二十世紀は戦争の時代とよくいわれますけども、それも国家間の戦争というよりは、もっと大局的に見れば国家と自国民との間の戦争だった……とダグラス・ラミスは鋭く指摘をしています。

いま、軍隊は自国の兵士をも見殺しにすると言いました。この写真(前ページ)は、中村梧郎さんという著名な報道写真家が撮ったものです。中村さんは『新版・母は枯葉剤を浴びた』(岩波現代文庫)といったベトナム戦争の被害者に関する本などを書かれています。

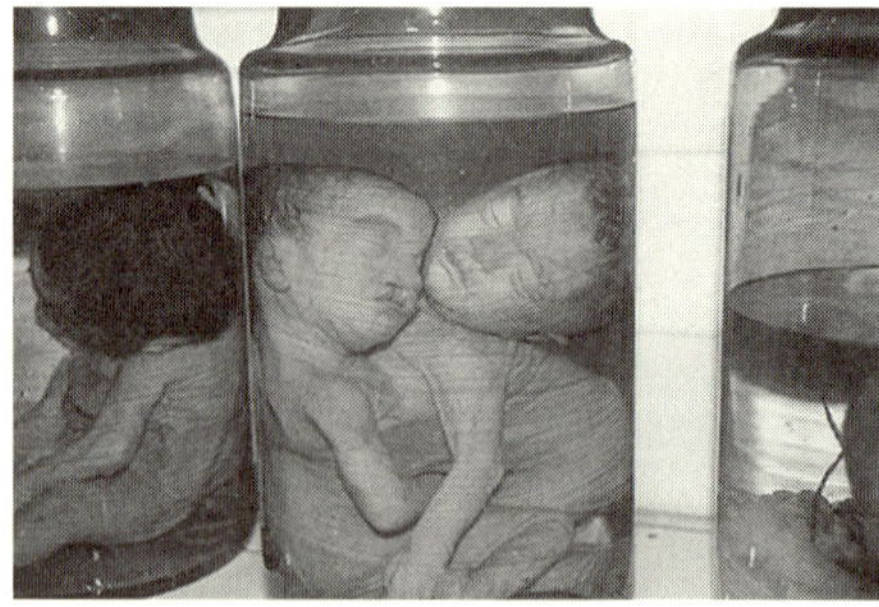

枯葉剤の影響で死産で生まれた赤ん坊のホルマリンづけ——ベトナム・サイゴンのツーズー病院にて(写真・伊藤哲司)

この写真に写っているのは、アメリカ兵たちの墓地です。この墓石のひとつひとつは、みんなアメリカの戦争の中で命を落とした兵士たちです。ほんと将棋の駒にしか見えないですね。一人ひとりのかけがえのない尊厳のある人間というよりは、みんな単なる駒。戦争を指導し遂行しようとする人から見れば、兵士一人ひとりは単なる駒でいいんでしょう。こういう言い方は極端に聞こえるかもしれませんが、これがまぎれもない現実です。イラク戦争でも、すでに二千人を超えるアメリカ兵が戦死しました。ブッシュ大統領が、実際にはなかった「大量破壊兵器がある」と強弁してあのイラク戦争を引き起こさなければ——それを小泉首相も支持したわけですが——その二千人は死ななくてすんだわけです。むろん言うまでもなく、イラク人は民間人も含めて、もっと夥しい数の人が亡くなっています。

ベトナム戦争のときにアメリカ軍は大量の枯葉剤をベトナムに散布しました。アメリカが「ベトコン」と蔑称でよんだベトナム解放民族戦線の兵士たちがジャングルに潜んで戦っていたため、それに手を焼いたアメリカ軍はジャングルを枯らして丸裸にすれば戦況を有利に進められると考えたのでした。当初は人畜無害で草木を枯らすだけと説明されていましたが、実際はどうだったか。枯葉剤には猛毒のダイオキシンが大量に含まれていました。それを浴びた多くの人が障害をもつにいたったり、またそれらの人から生まれてきた子どもたちが、生まれながらにして障害をもったり、あるいは死産となって生まれてくることができませんでした。こんなことが現実に起こるのですね。

ベトくん・ドクくんって聞いたことありますか？　ベトナムで身体が癒着して生まれてきた双子で、その後分離手術を受け日本でも名前が知ら

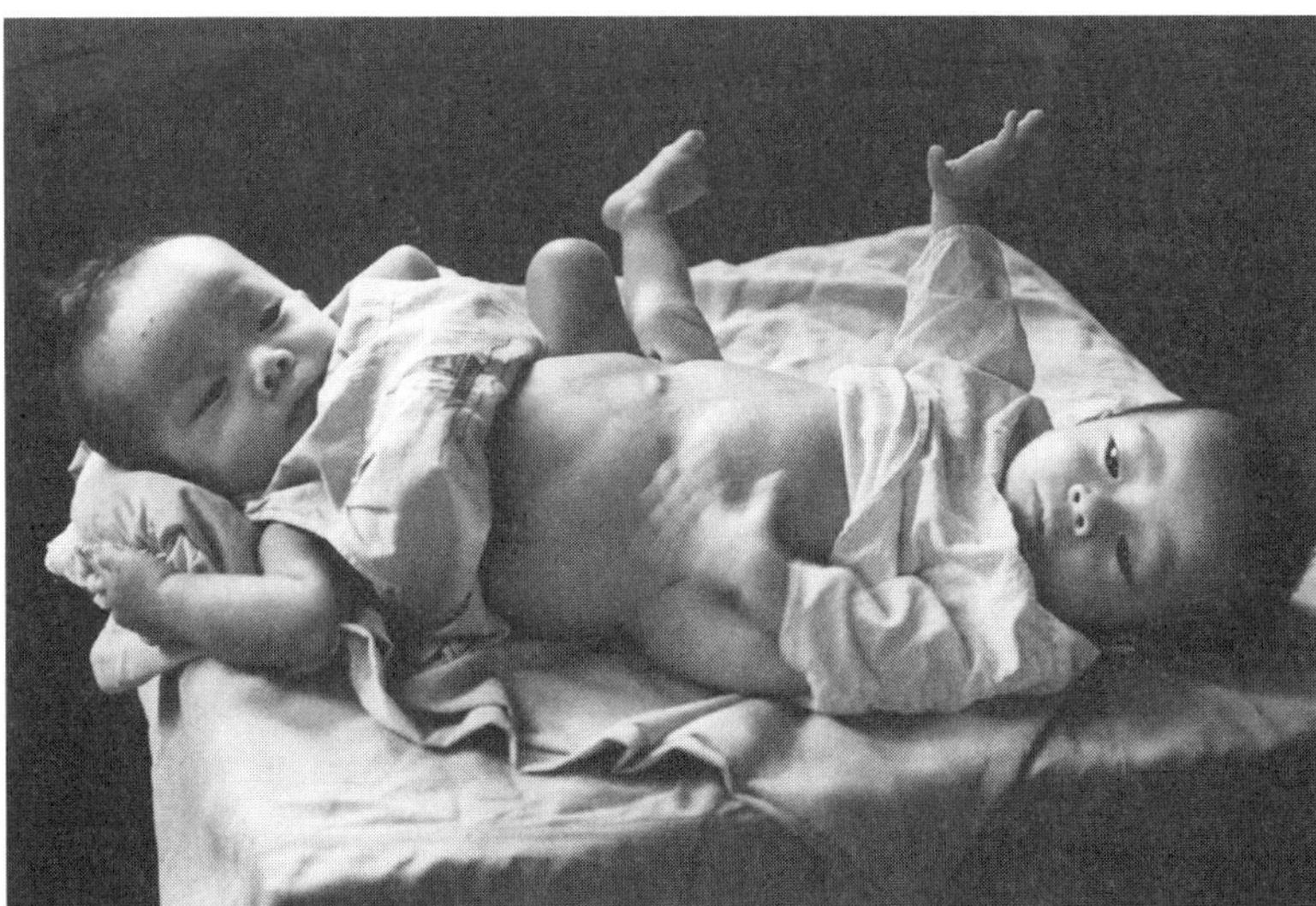

「ベトくん・ドクくんの赤ん坊時代」（写真・中村梧郎）

れるようになりました。彼らは一九八一年生まれですからいまはすでに立派な青年なんですけども、こういう子どもたちが枯葉剤の影響でたくさん生まれてきました。これが実はベトナムだけじゃないんです。枯葉剤を撒いたアメリカ兵や韓国兵などにも影響が出ているんですね。アメリカの戦争の指導者たちはここまでは予想しなかったかもしれないですが、戦争ではこんなことも起こってしまいます。そしてアメリカは、ベトナムでの枯葉剤被害の責任をいまだに認めようとはしていません。元アメリカ兵とその家族の被害者には補償をしたのですが、ベトナム人に対しては何もしていないんです。そのアメリカを、当時日本は現在と同じように支持していました。ベトナム北部の爆撃——いわゆる「北爆」——をしたB52戦闘爆撃機は、沖縄からもたくさん飛び立ちベトナムの人々を殺したんです。

軍隊をもったら憂いなしと小泉首相は言うけれど、実は軍隊をもったら憂いは大きくなるばかりなんです。軍隊という組織は、ある局面だけ見れば「国民を守る」ことがあっても、究極的には国民を守ったりしないんですね。これは歴史を見れば明らかです。たとえば、日本の戦争であっても沖縄戦を見ればですね、それはそうなんですよね。そういった歴史的な事実についてよく知らないというならば、これからでも遅くないですから、何かでぜひ詳しく調べてみてください。

最近、「テロとの戦い」とよくいわれます。でも「テロとの戦い」というのは、絶対成功しません。「テロとの戦い」というアメリカなどの姿勢が、また新たな「テロ」を誘発することが明らかだからです。南北問題……つまり世界の南北のいろんな格差の問題ですね、そういったものが持続されて、アメリカの一国主義的な傲慢なふるまいが続く限りは、それへの反発、そしていわゆる「テロ」は、世界中に蔓延するだろうと予想せざるをえません。

これからますますひどくなるかもしれない。それに日本だってけっして安穏としていられないのです。もう日本は完全にアメリカの側にくっついていますから。とてもこわい状況だなと思います。

国家に必要とされたい？　「犠牲の論理」へと続く道

若いみなさんに問いたいのですが、現在の憲法「改正」という動きに賛成しますか？　それとも反対しますか？　実は世論調査なんかを見ると改憲賛成という人がちょっと多いんですね。しかも、若者に多いという結果がある調査では出ているんです。二〇〇四年の朝日新聞による調査では、改憲賛成が全体の53％。三十歳代だけで見ると62％で、二十歳代では63％という数字になっています。

どうして若い人たちがいまそういう方向にいきたいという心理をもつのかなと考えてみると、雨宮《あまみや》処凜《かりん》さんという人が言っていることに、ひとつ手がかりを見いだすことができます。彼女は、「愛国バンド」というロックバンドをやっていた歌手で、いわゆる右翼的な主張をするバンドのリーダーだったという人です。彼女が言うには、現在の社会には、なんとなくこう「閉塞感」があると。それで、自分には誇れるところがないからそれを国に求めるんだと。彼氏なんかは裏切るけれども、自分の国や民族なんかは裏切らないと思ったと。国家というものに思いっきり必要とされてみたいと、そういう人間でありたい、つまり国家によりどころを求めていきたいというところが、彼女をそういう活動に駆り立てたというんです。

以前に茨城大学で、日本の歴史教科書は「自虐的」だとして「自由主義史観」を主張する人たちが作った『新しい歴史教科書』（扶桑社）の問題点を検討する研究会をもったときに――そのときは右翼の街宣車が大学にたくさん押し寄せてたいへんだったのですけど――学内のある一年生の男子学生が、「俺たちは日本人なのだからこの教科書でいいと思う！」とひとり気を吐いて主張したことがありました。そうではない意見が大勢を占める中で、よく発言できたなとその点では感心するのですが、やはりとても強烈な違和感が残りました。

そういう「日本人としての誇り」ということを強く主張する若い学生に、たまにですがいまでも出会うことがあります。自分自身のよりどころを国家に強く求めているということのようで、そういう学生と話すと、一方で心理的にはかなりの不安定さを孕んでいることが多いようです。アイデンティティという言葉がありますね。「あなたは何者か？」と問われたときの答えがアイデンティティというものですが、それをしっかりともてていない人が、その支えとして国家に頼ろうとするという心理があるようです。

ですから国家に思いっきり必要とされてみたいという心理は、心理学者としては理解できなくはないのだけど、とても危うい感じがします。国家というのは、ある側面では、他国の人々や国家に従わない自国の人たちを敵と見なせ、もっといえば、殺してしまえっていう命令を発することすらある存在ですから。「お国のために命を投げ出せるか」といわれたら、私はまっぴら御免ですけど、みなさんはどうでしょうか？

「犠牲」という言葉があります。「犠」にも「牲」にも、動物を殺して神に捧げる、いけにえにするという意味があります。また小泉首相の話になってしまいますが、彼は、韓国や中国の反発をよそに、日本のかつての戦争を正当化する思想を有した靖国神社に、毎年参拝し続けています。そして決まり文句のように繰り返し、「あの困難な時代に祖国の未来を信じて戦陣に散っていった方々の御霊の前で、今日の日本の平和と繁栄が、その尊い犠牲の上に築かれていることに改めて思いをいたし……」と主張しています。つまり彼らの犠牲があったから、いまの私たちのこの豊かさがあるのだと言っているのですが、本当のところどうなのでしょうか？

朝鮮半島や中国などでいろんなひどいことをやってしまったのであろう日本の兵士たちも、一人ひとりを見てみれば、もとは優しいお父さんだったり気のいいお兄さんだったりしたのだと思いますし、また戦争中もいろいろと真剣な思いがあったのだろうと想像します。そういう人たちがあの戦争を戦ったから、そして彼らが「犠牲」になって死んだから、そのおかげでいまの私たちのこういう繁栄があるのでしょうか。戦後の日本の高度経済成長は、戦後の焼け野原から出発したということは否定しませんが、それが可能だったのはあの戦争の犠牲者たちのおかげだというのは、冷静に考えれば、どう考えても強弁にすぎないのではないかと思うんです。彼らの犠牲があったから、戦後日本は繁栄したというのは、論理的にはものすごく飛躍しています。

その飛躍をすべて押しつぶして、尊い犠牲があった、その上に現在の反映が築かれているんだっていうふうに小泉首相は言うんです。国家によるこの「犠牲の論理」とよべるものは、実はたいていどの国でも有しています。国家というものは、国家のために犠牲になった人を崇め奉って顕彰するということを、どこでもたいていやるんですね。戦争問題で日本を批判する韓国や中国でも、その点では同じです。もちろんアメリカでもそうです。それで、そういう人たちの「犠牲」の上に現在の国家の繁栄があると主張します。

哲学者の高橋哲哉さんが『国家と犠牲』（NHKブックス）の中で主張しているのですが、この「犠牲の論理」は、次なる犠牲を国民に覚悟させる力となっていきます。小泉首相が、ああいうことを言うことによって、私たちは、「今度はあなたたちがお国のための犠牲になるかもしれないのだから、いまからその覚悟をしておくように」と、実は言われているのではないでしょうか。高橋さんは、だから靖国神社の代わりに無宗教の戦没者追悼施設を作っても、問題は解決しないと言っています。無宗教のそのような施設を作っても、「犠牲の論理」はそこでも受け継がれるからです。この「犠牲の論理」は非常に根強く、また幅広く受け入れられている考えであるために、そこを超えていくというのは実はとても難しいことなのですが、かといってそれをすんなり受け入れるわけにはとてもいかないと私は思うのです。

平和を求める志向

広島の記憶、ホロコーストの記憶、ベトナムの記憶

このように考えてくると、私たちがこの地球に末永く子孫を残し、安心して生きていくためには、非暴力をあくまで追求して、誰かを「犠牲」にして成り立たせるようなものではない、誰も「犠牲」にならない社会を目指すしか道はないのではないかと思えてきます。もちろんこれは、実現不可能に思えるほど難しいことです。しかし理想は捨てるべきでありません。そういう理想を大事にして、それを目指すことが、やっぱりどうしても必要です。

非暴力の思想で有名なインドのガンジーが、こんなことを言っています。「暴力は対抗的な暴力によって一掃されない。それは、いっそう大きな暴力を引き起こしてきただけである。けれども私は、非暴力ははるかに暴力にまさることを、敵を赦すことは敵を罰するより雄々しいことを信じている」。ガンジーらしい言葉ですね。それから、ガンジーに学んだというキング牧師、この人はアメリカの黒人指導者ですけれども、「I have a dream」というフレーズで有名な演説がありますね。「私には夢がある。いつの日にか、ジョージアの赤土の丘の上で、かつて奴隷であった者たちの子孫と、かつて奴隷主であった者たちの子孫が、兄弟として同じテーブルに向かい腰かけるときが来るという夢を。私には夢がある。いつの日にか、私の四人の幼い子どもたちが肌の色によってではなく、人となりそのものによって評価される国に住むときが来るという夢を」。彼は皮肉にも黒人に暗殺されてしまうのですが、このような素晴らしい言葉を残しました。興味のある人は、原文の英語がどういうものであるか、ぜひ調べてみてください。

しかし現実を考えれば、非暴力を貫くのはとっても難しい。なぜ難しいのかというと、単に現実がそうではないからというだけでなく、同じく「真摯に平和を求める」という立場、それぞれの人にとってはこれこそが「平和を求める志向」だと思えるものが、ひとつではないからなのです。

「広島の記憶」「ホロコーストの記憶」「ベトナムの記憶」を例に取り上げます。

広島の平和公園に行きますと、「安らかに眠ってください。過ちは繰り返しませんから」と書かれてあります。「過ち」が原爆投下による大惨事を指すことに議論の余地はありませんが、誰がその「過ち」を犯したのか――直接的にはアメリカですが、その原爆投下につながる要因は日本も作ったとも考えられます――それはまったく書かれてないんです。あえてそれを示していないんだと思うんですね。このメッセージは、主体を明示することなく、平和は絶対的なもので尊く、それを守りぬかねばならないという主張をしています。それがあの未曾有の被害を受けた「広島の記憶」からの教訓であり、広島の立場なのだろうと思います。これは憲法第九条にも通じる思想です。

それに対して、「絶対悪が存在するときには、武力をもってでも立ち向かうべきだ」という立場があります。アメリカという国は基本的にこういう立場なんです。ナチスによるホロコースト（ユダヤ人大虐殺）という歴史的事実がありますね。ナチスを打ち崩したのが、アメリカ軍のひとつの大きな「成果」だったわけです。ホロコーストのようなことがあったときに、それを他国のこととして放っておくわけにはいかない、自分たちが血を流してでもそれを食い止めるのだ――実際に血を流すのは末端の兵士たちですが――というように、アメリカは考えるわけです。それが「ホロコーストの記憶」。実はそれが、ベトナム戦争でもイラク戦争でも、まったく裏目に出て「ベトナムの泥沼」「イラクの泥沼」とよばれるような状況を生みだしているわけですが。

それからベトナム。そこにはかつてホーチミンさんという非常に尊敬された指導者がいて、いまでも根強い人気があるのですが、彼は「独立と自由ほど尊いものはない」と言いました。ベトナムは、アメリカという軍事的にお化けのような国に、世界で唯一「勝った」国です。彼らは、非常に困難な状況の中でしぶとく戦いを続け、アメリカの近代兵器にも屈しなかったという記憶をもっています。これが「ベトナムの記憶」です。ベトナムはですからいまでも、「軍備を揃えて国を守るのは、自分たちの独立と自由のためには当然」と考えています。徴兵を免除されるベトナムの大学生は、大学内で正規のカリキュラムとして軍事教練を、男子学生だけでなく女子学生も受けなければなりません。ベトナムの学生たちがそれを好んでやっているというようには見えないのですが、人民軍とよばれる自分たちの軍隊を敬遠するということはないようです。

国際政治学者の藤原帰一さんが著書『戦争を記憶する――広島・ホロコーストと現在』（講談社現代新書）の中で書いているのですが、こういった戦争を記憶し、平和を真摯に追求し、希求しようとするそれぞれの立場があります。それはそれぞれにとても真剣な思想が込められているがゆえに、それらは互いにぶつかり合う強烈な政治イデオロギーとなって、互いに対立すらし合います。同じく平和を希求しているはずなのに全然立場が違うというふうになってしまうのです。

身近なところから始める非暴力の実践

「対話」の重要性と面白さ

でも、そういった難しい問題があるとしても、非暴力の実践というものは、身近なところから誰にでも始めることができると私は考えています。まずは、身近な人に手をあげない、手をあげるということは、こう、ゴツッとやることですね。たとえば子育てをするときに「子どもはたたいてでもしつけよ」という話がありますけれども、子どもをたたかないということから始めることが大事かなあ、と私は思います。一足飛びに非暴力の話を、国家のレベルから実践しようと思ったらたいへんですし、さすがにそれはすぐに実現するはずもないのですが、まずは身近なところから始めてみたらどうでしょうか。

暴力を止めるのに一番いいのは、その手段を放棄するということです。たとえば子どもに手をあげる、という手段を私は放棄しています。放棄していますといったって手はあるんだけれども、これを自分の子どもにゴツッとやるという手段は最初からないと思っていまして、それでこれまで子育てをしてきています。私の九歳と四歳の子どもたちに聞いてもらってもいいですが、本当に手をあげていません。手段がなければそれを使おうという選択肢そのものがなくなるわけです。それでもちゃんとそれなりに我が子たちは育っていると思います。手をあげない子育ては可能なんです。

これが実は、「戦力を保持しない」と明記された憲法第九条のもともとの精神なんでしょう。戦争をしないといっているだけでなく、そのための手段となる「戦力」をもたないと宣言しているのですから。だけど現状でも日本は自衛隊という軍隊に準ずる組織を、しかも膨大な費用をかけて維持しています。そんなのがあれば、やっぱりそれをどうしても使いたくなります。子どもにゲーム機を買い与えておいて、「ゲームで遊ぶな」というのは無理な相談ですね。手段があれば使いたくなるのが、人の心理というものです。子どもに手をあげるという手段を保持していれば、やはり何かのはずみにバシンとやってしまうのです。

それから私たちは、誰かを殺すということ、誰かを「犠牲」にするということを、最大限の努力をもって避けるようにしなければなりません。殺さないだけでなく、殺されないようにするために、さてどうすればいいか。決定的に重要なのは「対話」です。それも友だち同士でお喋りするというよりは、自分とは異なる立場や、異なる社会・文化に生きる人たちといかに対話をするかが重要です。

ご存知のとおり、韓国や中国と日本との関係が、戦後六十年もたつというのに、いまだにギクシャクしたままです。それを受けて一部の日本人たちは、かつて自分たちが加害者であったことも忘れて、韓国人や中国人のほうが奇妙でおかしいと言い放っているようです。そうすることで、自分たちのナショナリズムの中に閉じこもっていくような志向性で、ひとときの自己満足を得ているように見えます。不幸なことに、韓国人や中国人に対して親しみを感じない日本人の割合も、このところジワリと増えてしまっているようです。それがけっして国際性をもたないということには、あまり注意が向かないようです。

私の授業で、かつての日本軍によって慰安婦として働かされた人の証言を取り上げて学生たちに読んでもらうと、学生は非常に複雑な反応を返してきます。ある学生は「こんなことがあったなんていままで知らなかった。日本はきちんと謝罪したのだろうか」と素直に驚き、またある学生は「こんな証言、信用できないし、自分とはあまり関係ない」と反発します。しかし教室に韓国人留学生や中国人留学生がいると、彼らのほうがこういったことについてはよく知っていますから、簡単に反発するというわけにもいかなくなります。

こうしたいわゆる「歴史認識」に関わる問題を考えることも重要です。ただそうした問題を正面から取り上げて、韓国人や中国人と「対話」するというのは、正直言うととても気が重たいし、すぐに実践できないかもしれません。本当はその重さをこの身で引き受けることが重要なのですが、確かにちょっと気が引けます。

そんなときにどうすればいいのかということなのですが、『アジア映画をアジアの人と愉しむ——円卓シネマが紡ぎだす新しい対話の世界』（北大路書房）という本があります。山本登志哉さんという発達心理学者と私が編者で、つい最近出たばかりの本です。これは五十九人で書いた本なんですけれど、その中には韓国人もいれば中国人もいて、またベトナム人もいます。またそれぞれの職業や年齢などもさまざまです。そういう多様な人たちが、ひとつの映画をめぐって感想を述べ合い、その声を重ねあわせつつ「対話」をするというのが、この本のつくりです。

　するとどうなるかというと、単に映画を一緒に観たので互いによく理解し合えるようになりました……とはならずに、どういう点でお互いにわかりあえないのかということがわかってきます。たとえば韓国には「恨《ハン》」という概念があります。韓国や朝鮮の人たちに通底しているらしい民族的記憶のようなものらしいのですが、それを何度口で説明されても、日本で生まれ育った日本人の私にはわからないのです。でも私が「わからないことがわかった」と感じ、韓国人の友人が「わかってもらえないことがわかった」と感じると、ちょっと妙に思われるかもしれませんが、互いの距離が一歩縮まり、そこに新たな関係が構築されるのです。

　ひとりで映画を観ても、あるいは友だち同士、恋人同士で映画を観ても、それはそれで楽しいでしょうけど、「面白かったね」とか「つまんなかったね」とかで終わってしまいがちでしょう。でも社会・文化的な背景が違うと、感動する場面も違ったりするわけで、それがわかるだけでも面白い。ぜひみなさんも、韓国人や中国人、あるいは他の国の人でもいいですけど、ぜひ一緒に並んで映画を観て、そのあと「対話」をしてみてください。きっと思いがけない発見があることでしょう。そして

そのことをとおして新たな友人ができるかもしれません。

最後に　若いみなさんへ

ちょっと今日のテーマからはずれて話が広がってしまうんですけれども、私はもっと「常識」——多くの人々が当然だと考えているものの見方や考え方——を疑ってみたほうがいいと常々考えています。もちろんすべての「常識」を疑えと言っているのではないのですが、世の中には疑うべき「常識」というのが存在していると思うのです。学校は「常識」を教える場でもあります。でもそれをすべて真に受ける必要はないと、私は思っています。

拙著のひとつに『改訂版・常識を疑ってみる心理学——「世界」を変える知の実践』（北樹出版）という本があります。まあタイトルからしてへそ曲がりな本なんですが、いまこの本を大学一年生向けの授業で使っています。ごく当たり前だと思っている「常識」、その見方をちょっと変えてみると違う「世界」が広がってくるんですね。たとえば、「英語は国際語である」。みなさんはどう思いますか？　もちろん英語はできないよりできたほうがいいのですが、英語は世界に数千ある言語のうちのひとつにすぎないという見方をしてみると、どうでしょうか。世界の人々と何語で話すかと考えたときに、たとえばエスペラント語という選択肢だってあるわけです。こんなふうに考えたときに、自分

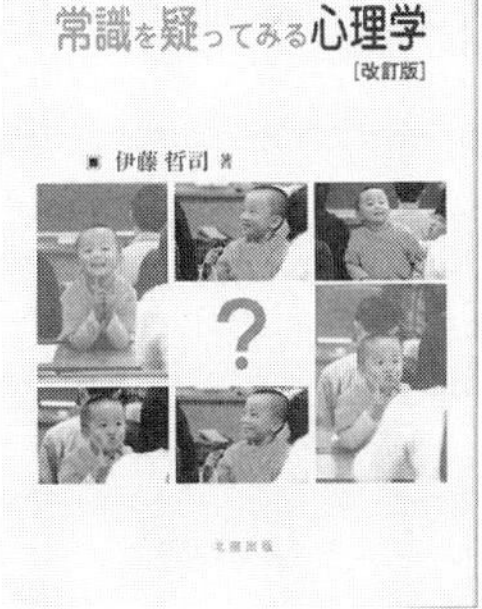

にとっての「世界」が変わり、自分自身も変わっていくことができます。これが実は、最初にお話しした「学問をする」ということでもあるのです。

「国家には軍隊が必要」というのが世界の常識だとしたら、私はそれを疑っていきたいと考えています。

それからそのような姿勢に直接関係することですが、やはりもっと批判精神というものを、とくに若い人たちにもってほしいですね。ものごとの本質をきちんと見きわめ、おかしなところはおかしいとちゃんと自己主張できるようになろうということです。

先に『心のノート』についてふれましたが、これは批判的精神を育てないための教材です。「先生や学校や社会を批判するものではない」ということを教える本なんです。「国家に逆らってはいけない、国家は正しいことをしているんだからそれに粛々と従いなさい」というメッセージがずっと流れているのが、実は『心のノート』です。それを作った中心人物が文化庁長官でもある河合隼雄さんです。著名な心理学者ですね。私も、心理学者の端くれなんですが、河合さんとはこの点ではまったく違った意見をもっています。

『心のノート』中学生版「この学校が好き」のページ(106ページ)

たとえば、この『心のノート』の中学生版には、「この学校が好き」と大きく書かれたページがあります。もちろん自分が通う学校が好きなのはけっこうだと思いますし、通っている学校が嫌いであるよりは好きなほうがいいと思うのですが、たとえば学校に行きたくても行けない不登校の生徒はたくさんいるわけです。たとえば、そういう子どもたちがこのページをどう読むのだろうと考えると、ちょっと気が重たくもなります。

『心のノート』の中学生版の最後のあたりには、「我が国を愛しその発展を願う」という愛国心の問題が語られています。愛国心をもって当然だという人もたくさんいるだろうと思うのですが、ただ、私たちが何を愛するのかは、基本的に自由なはずですね。「俺を愛せ」といって誰かに愛してもらうわけにもいかない。「愛」なんて強要できないものです。日本の国が好きだっていう人がいてもいいし、だからといってみんながこぞって愛国心をもたなきゃいけないっていうのは変ですね。ましてや通信簿で愛国心の度合いが評価されるようになったらとんでもない話だと思うのですが、実はそういう動きがすでに一部では始まっています。入学式や卒業式での日の丸・君が代の強制もまたしかり。とてもこわいことだなと思います。

それからもうひとつ、本当の意味での「豊かさ」とは何なのかなっていうことも、みなさんに考えてほしいんです。私はベトナムというところに深く関わっています。ベトナムに行くとですね、本当にこんな世界もあったのかっていうところなんですね。みなさんは、ベトナムは「発展途上国」で「遅れた国」だと思い込んではいませんか？　経済的にはそうだといえるのかもしれませんが、ベトナムの人たちの表情を見てください。すごく生き生きしているんです。日本ではなかなかこういう表情をしている人に出会うことが少ないなと、正直言ってそう思います。

『心のノート』中学生版（114・115ページ）

ホアンキエム湖のお茶売り「ギエムさん」—ベトナム・ハノイにて（写真・伊藤哲司）

この写真のおばあさんは、ハノイのホアンキエム湖畔にいつもいるお茶売りの人です。私はハノイに行くときは、必ずこのおばあさんのところに行ってお茶を飲むんですけれども、いつも私にすごくよくしてくれます。すぐに座る場所を作って、何も言わなくても温かいお茶を入れてくれるんです。でも生活はけっこう苦しそう。こういう人が、戦争中はさらにものすごい苦労をして生き延びてきたんでしょう。先月ハノイに行ったときに、大きなビニール袋に入ったベトナム茶をギエムさんからお土産にもらってしまいました。「これいくらするの？」って聞いたら、「四万ドンだ」って言うんです。四万ドンというのは、日本円にしたら二百八十円ぐらいです。このおばあさんは、お茶一杯をいくらで売っているかというと、五百ドン（約三・五円）なんです。一杯五百ドンのお茶を売って生活している人が、四万ドンのプレゼントをしようと思ったら、八十杯もお茶を売らなければなりません。それでもぜひ私にと、お茶をプレゼントしてくれるんです。こんな心根をもった人たちがベトナムにたくさんいます。ぜひみなさんも、将来こんな人に出会ってみてください。

それから今年私は、昨年（二〇〇四年）十二月二十六日に発生した津波の被害を受けたタイのプーケットに二回行って、被災地を歩いてきました。津波って本当にこわいですね。大きな波がちょっと来たなんていうどころじゃないですね。もしそれに巻き込まれてしまったら、とても助かりそうにありません。プーケットの近くのナムケム村という漁村では、人口約四千人のうちの半数ぐらいが亡くなったり行方不明になったりしたそうです。そういうところを歩いて、被災者の人たちの声を聞いて回ったのですが、このときに非常に驚いたのが、人々の表情がけっして暗くないということです。仮設住宅で暮らしている子どもたちも、元気いっぱいに路地でビー玉遊びなんかしていて、すごく元気なんです。学校も訪問しましたが、暗い表情をしている子どもはほとんど見かけませんでした。日本の状況とは全然違うこういうところもあるんだなあと、改めて思いました。

もちろんたくさんの人が、その津波で亡くなりました。とても痛ましく悲しいことです。私は、その津波が襲った海をながめて、そこで亡くなった人と自分とは何が違うのかなということを考えました。たまたま偶然そこにいたのか、いなかったのかの違いだけですよね。自分はたまたまそこにいなかった。だからいままだ生きているわけですけど、そんなことを思ったら、ちょっと厳かな気持ちになりました。そして、自分の命が続く限りは、それを大事にしたいなあ、大事にして自分のやるべきことをやっていかないといけないなあと思いました。

ところで、最初のあたりでふれた寺山修司は、若者に向けてだと思いますが、こんなことも書いています。

「家出」をしたところで、それから先の目標も計画もなければ何も

津波被害のあったナムケム村の仮設住宅でビー玉遊びに興じる子どもたち—タイ・プーケット近く（写真・伊藤哲司）

ないという人、「東京へ行くな、故郷を守れ」と書いた詩人、そして「家出をするなら、お母さんも一緒に行ってあげるよ」などと猫撫で声を出すママゴン、衝動をいましめよ、と忠告する教師、「東京が何さ」と歌っている売れない流行歌手、「僕の家には、仏壇もなければ暗い田もありません。それに世間一般の親と違って僕の親は特別に理解があるから、家出する必要もないんです」と変声以前の声で話す孝行息子――あなたたちは、何もわかっちゃいないんだ、全く、何も目標も計画もさだまっていないからこそ、家出という行動を媒介として目標をさだめ、計画を組み立てなければならないのであり、幸福な家庭であるからこそ、それを超克しなければならないのです。

（『家出のすすめ』角川文庫）

とっても挑発的なメッセージですね。みなさんはどんなふうに受けとめますか？　寺山修司は、「若者よ、ぬるま湯につかっていないで、もっと独り立ちせよ！」と言っているのかも。こんな本も、ぜひ若い人たちに読んでみてほしいなあと思います。

それから最後の最後に……私はベトナムの大学などでも話をする機会があるんですが、そんなときにこんな言葉を、ベトナムの若者にメッセージとして伝えます。

やっぱり友だちがいたらそこの国とは戦争しようとは思わないじゃないですか。小泉首相もブッシュ大統領も、イラク人の友だちはいないんでしょうね、きっと。

みなさんも自分自身が何かをやる範囲で、個人的に誰かと対話をしつながっていく中で、実は「世界」も変えていけるし、その中で非暴力を貫くことはできるということを知ってください。ぜひ、そ

Quân đội Pháp và Mỹ đã xâm lược Việt Nam.
フランス軍やアメリカ軍はベトナムを侵略した。

Cả Nhật cũng đã xâm lược Việt Nam.
日本軍もベトナムを侵略した。

Lúc đó gần 2 triệu người bị chết đói.
そのとき二百万人もの餓死者が出たそうだ。

Tôi không thể nào quên được sự việc này.
そのことを私はけっして忘れない。

Tuy nhiên, sự khác nhau về văn hoá không có nghĩa là chúng ta không thể trở thành bạn.
でも異文化だからといって友だちになれないわけじゃない。

Chúng ta không gây chiến tranh đối với những đất nước mà có những người bạn.
私たちは友だちがいる国とは戦争しようとは思わない。

Vì vậy hãy cùng nhau trở thành bạn!
だからもっともっと友だちになりましょう！

ういう方向でみなさん、自分の判断で、いろんなことをこれからやっていってくれるといいなと、今日はそんな気持ちで話をさせていただきました。

私の拙い話がどこかでみなさんにとっての何かにつながっていくことを願います。まだお話したいことがありますが、時間を超過してしまいました。これでおしまいにします。ご静聴ありがとうございました。

講演を聞いて考えたこと

平和という建前

田中　理菜

伊藤先生は講演の話の中で、「正義や平和は立場によって変わるものであり、暴力をなくすためには武器という手段をなくしたほうがいい。私たちは常識を疑ったり、批判精神をもったりするべきだ」といったことを言われていた。

聞いたあとしばらくは、そんな考え方もあるのだと少し感じただけだった。しかし、先生のご意見は理想的で現実的には難しく、必ずしもよいとはいえないと思う。

確かに正義は立場によって変わる。アメリカや日本の言う「正義」とテロリストの言う「正義」は同じものであるはずがない。どちらも自分たちの「正義」を信じている。「正義」というものは人によって変わるのである。しかし、一国の首相もテロリストも私たちも、結局同じ人間なのだから、考えられる中身は似たようなものだろう。また、「正義」と一緒に「悪」ということもよくいわれる。「悪」があると考えるから、自分たちは正しいと思うことができる。「正義」には百パーセントの確証はない。もし誰の目にも正しいといえる「正義」が世界中を満たすということがあるとしたら、それは私たちの頭の中から、「正義」という言葉も概念もなくなったときだけだろう。

多くの人はたたかれた経験があるに違いない。私も幾度となく怒られ、たたかれた。だからといって暴力的な人間にはならなかった。痛い思いをしたから、もう二度とそんなことはしないと誓って、その誓いも何回か破ってしまってまた怒られて……。その繰り返しで成長してきた気がする。感情に任せて殴るとか、殴って大けがをさせたとか、意味もなく殴るというのは絶対に許せない。しかし、子どもを怒る、怒ってたたくという行為が愛情をともなうものならば、除外するべきでない。自分のためと思って殴ってくれたと思わないかもしれないとおっしゃっていましたが、通じますよ。たたかれたときは、痛いし腹が立つし、そのときはわからなくても、時間がたてば、自分の行動を深く反省することができるからわかる。時どきわからない人もいるようだが、多くの人はそうやって成長していくのだから。それに怒っている親のほうも、子どもになんとかわかってもらいたいと必死で心の中で泣きながらたたくのだから。ただし、幼児虐待をする親が、しばしば「子どものしつけのためだ」と言ったりするようだが、それは言い訳にすぎないと思う。なぜなら本当に子どもを思っているなら、きちんと限度もわかっているだろうから。それにしても、先生ほど気の長い人は少ないと思う。人を思って怒るとき、殴るという手段も有効なのだ。

しかし国家単位ではそうはいかない。何か不満があっても、すぐ戦争なんて絶対にいけない。私たちを扇動するのではなく、言葉という手段で暴力を極力なくし、軍隊や軍備をできるだけ少なくするのが政治家の仕事のひとつだと思う。

ところで常識を疑うことは難しい。なぜなら常識とはいま生きている人の大多数がそうだと無意識のうちに思っていて、学校生活やマスコミを通じて、無意識のうちに植えつけられているものだからだ。

それと同様に批判精神をもつことも難しい。なぜなら人から言われることは、それがものすごく極端にずれたりしていなければ、納得させられることが多いからだ。私は読書が好きで、いろいろな論文を読んでいるが、もしいま目の前に論文が二冊あり、中にまったく正反対のことが書いてあったとしても、私は両方を納得して受け入れてしまうだろう。論文だけでなく親でも先生でも友だちでも、自分の頭の中にもその意見があるからなのかどうしてだかわからないが、まともに反論するのは不可能だろう。なぜなら自分の考えを表わすということ自体が、もともと人を説得しようと意図されていることだからだ。

平和にも立場がいろいろあるというのは納得できる。同じ国に生まれ、育ち、教育を受け、生きてきたとしても、そのような経験がひとりとして重なるものがないのに、平和という最もあやふやな言葉の意味が、完全に重なるはずがないからである。この言葉はどのようにも解釈できる。そもそも平和というと戦争との対比において考えられるが、いま戦争のない日本や韓国のようなアジア、またヨーロッパなどでも、それらの国は平和なのだろうなと感じられるところはない。なぜかというと、私が平和という言葉で思い浮かべるのは、波ひとつ立たない海面の穏やかさだからだ。だから、いまこの世に存在している世界は平穏であっても平和ではないと思う。それはまるでコップに水が入りすぎて表面張力で張っているかのように、いろいろな力をもってしての「平和」でしかないのだから。

もちろんテロや暴力がすべてなくなればこの上なくいいが、現実的にはありえない。その中で、私たちにできることは何かというと、人とつながりをもつことだと思う。適度に距離を保ちつつ、相手の気持ちがわかるようなつながりをたくさんの人がもっていくこと。そうしたら自分のまわりから少しずつ平穏な世界の輪が広がっていくだろう。

非暴力の実践に必要なこと

辻　悠一

みんなが自分の「正義」をもっている。しかもその「正義」には絶対的に正しいものはない。そして、その他の人たちの主張する「正義」にも耳を傾ける必要がある。伊藤先生はこのように冒頭でおっしゃった。

確かにそのとおりだと思う。どの人間あるいは集団も自分の行ないは「正義」だと主張する。それなのに相手は「悪」だと決めつけてしまうのは、子どもが「お前が悪い」、「いやお前が悪い」などと言い合っているのと同じ次元の話である。ここで大切なことは、やはり相手を完全否定するのではなく相手の言っていることも「正義」であると肝に銘じて相手の言うことをよく聞くことである。

いま、完全否定と述べたが、完全否定の表われが暴力であると思う。相手の言うことをまったく認めないから、暴力で相手を抑圧するあるいは消し去ろうとするのである。暴力による解決の最大の問題点はここにあると思う。つまり、暴力を受けた側からすると自分のことを完全否定されたのであるから、何ひとつ自分の満足できるようなことはないということなのである。そして、その否定された側は妥協の余地はないと感じ逆に相手を完全否定し、結果的に暴力が暴力を生むことになる。

だから、相手の「正義」をしっかりと聞いてお互いが不満は残しつつもそこそこ満足し合えるような妥協をするように最大限努力することが、「非暴力による解決」の忘れてはならない必要条件であるだろう。

このことを踏まえたうえで次に話を進めていきたいと思う。

まず、非暴力により世界に関わることの実践において大切なことのひとつは、上からつまり、国、大組織による可能な限りの非暴力の実践であるように思う。

確かに下から、つまり個人や、小集団による非暴力の実践も大切であろう。身近な人に手をあげなかったり、対話をしたりして、身近なところから非暴力を実践しようとすることは非暴力で世界に関わることを求めていくうえでの前提条件である。しかし、ここで問題になっている暴力というのは国あるいは大組織による暴力である。一人ひとりが非暴力を貫いたところで止めるのはほとんど無理なものである。一方、上が非暴力の追求を行なうと直接的に暴力による解決を減らすことができるのではないか。

では、上からの非暴力の実践は具体的にどうやっていけばいいのであろうか。上を日本国とするならば、非暴力の実践のためには憲法より他に力になるものはないと思う。憲法は国を縛るものであり、それで非暴力を目指すよう縛ってしまえばよいのではないか、ということである。暴力が生じる裏にはその集団、個人の利益、思想その他いろいろな思惑が絡んでいて止めることは難しい。しかし最初から暴力に憲法で歯止めをかけていたらいいのではないか。憲法は国の利益や思想が何であれ、それらを絶対に守らなければならない最高法規であるのだから。しっかりとした憲法にすればその分国は誤ったことをしない、いやできないはずである。

憲法が非暴力の実践において最も大切であるということを確認したうえで次に、現実的に問題となるのは、現在非暴力による解決を謳っている九条をどうするかということである。

いまの九条では現状にそぐわないという主張がある。確かに一九四〇年代から世界は大きく変動し現状にそぐわないところが出てきているだろう。しかし、それだけでなく憲法が作られたときの当時の日本のもつ理念とは別の方向にいま日本が歩んでいこうとしていると考えることはできないだろうか。日本国憲法は最高法規であり国民による日本国政府に対する足枷なのだからいまはその足枷が作用しているところ、つまり日本の理念とは異なる方向に進んでいるということにもなるのではないか。伊藤先生が「憲法九条が現実に合っていないと簡単に言ってしまう前に憲法九条が謳う理想に現実を近づける努力がもっともっと必要なのではないでしょうか」とおっしゃたが、僕は実にそのとおりであるなと思う。

しかし実際に世界は変動してどうしても現状にそぐわないところが出てきているのも事実である。自衛軍保持は避けられない状況にあるのかもしれない。そうであるとしても最低限しなければならないことは、どうしたら自衛軍は対外戦争に行かないか等を細心の注意をはらって考え、自衛軍の規制、制限等を憲法に細かく記載するということである。重い足枷をつけるということだ（「憲法で」としたのは「法でこれを定める」としたら、いつおかしな議員たちが現われ、誤った方向に進むかわからないからだ）。「自衛の最終手段としての自衛軍の行使」という条項を加えて全世界に自衛は武力による解決ではなく外交努力をしていくという理念をアピールするのもありであると思う。僕の「正義」はいま述べたようであるが、結局のところ九条についてはもっと議論していく必要があるだろう。

「平和でなければならない」などと単にお経のように唱えるだけではまったく意味がない。平和でなければならないというのは言うまでもない当たり前のことであって、重要なのはその理想のために現実的には何をどうしたらいいかを考えていくことであるはずだ。

まずはその第一段階として、最高法規である憲法、とりわけ第九条をどうしていくかということである。たとえ変わったとしてもしっかりとした九条を作り上げたならば、非暴力による平和という理想へ近づけるのではないだろうか。

そして、それを可能にするのは、安易な改憲を許さない国民一人ひとりの良識ある行動であることを忘れてはならない。

「科学か、《直感》か」

岩村　宗千代

僕は時どきこう思う。

「人はなぜ戦争をするのだろう。もちろん表面的な理由はいくらでもある。領土、金、宗教。恨みから戦争が起こったことさえある。しかしそれらが将来の世界に何の影響をもたらすのか。自分が優位に立つことに絶対的な正当化をすることはできない。」

しかしこうも思ったりする。

「結局、世界は暴力でしか解決できない。たとえ時間がかかっても、暴力によってスパッと正否が分けられる。言語、文化が違っても、暴力だけは世界中で通じる。」

この二面性はいったい何だろうなと、自分でも不思議に思う。単に、よく考えていないだけだろうか。未熟、周囲に流されているだけだろうか。現実逃避、反抗的な気持ちがあるのかもしれない。しかし僕にはこの二面の、どちらが正しいのかわからない。しかし、伊藤哲司先生は、はっきりと断言している。なぜこうも自信をもって断言することができるのだろう。なぜ非暴力の道を迷うことなく突き進めるのだろう。僕にはわからない、伊藤先生の話の根拠が。そして伊藤先生の話は、僕の疑問に明確な答えを提示してはくれなかった。

しかし、おぼろげながらわかったこともある。それも、答え以上に僕が求めていたものかもしれない。「考え方」。考え方とはいっても、考える内容ではない。考える方法だ。

僕らは――さまざまな事件から推察するに、とくに学生は――あることがらに対して、自分の納得できる理由を探し、なんとか当てはめ、そしていっぱしにものを考えた気になっているのかもしれない。そして僕らが唯一使える道具が、「科学」という手法であり、とりわけ、その理論でガリガリやっていくしかない。経験と呼べるほど十分な人生を生きてきたわけではない。そうなると、《生きる》ということについて——これは時どき友人と話し合う議題なのだが——このような議論をすることができる。

「生物に関して、科学のひとつの解釈によると、個体は種のためにあるそうだ。しかし、そうだとすると、もしその種が絶滅するようなことが未来に予測できるならば、種だけではなく、個体の存在価値は認められない」と。

確かにこの意見は強引であり、あくまで科学のひとつの解釈にすぎないことを断っておく。しかしこれを、「科学で証明されました」といって、さまざまな場所で乱用することは可能だ。この際正否は関係なく、唯一の答えか、ひとつの解釈にすぎないのかも関係ない。要は形が必要なだけで、自分が納得できればよい、まさに乱用である。

しかし、人間の全員が全員、そんな理屈でもって考えるはずはない（乱用の言葉の示すように、おかしな理屈ではあるが……）。少なくとも伊藤先生はそうではないと思う。いたるところで非暴力の理由を述べていた。しかしそれは科学的な思考によるものだけではない。科学的説明も行なわれているのだろうが、それがすべてではないと思う。《直感》——ただの直感ではない——経験に基づいた《直感》。そこに僕は、伊藤先生との「考え方」の違いを感じた。

僕でも直感に従って生きることも大切だとは思う。しかし直感で生きる活動に対しても、意味をもたせたいと願ってしまう。自分のいままさにしていることを否定されたくはない、という気持ちがどこかにあるのだろう。そのおそれからか、僕らは、「生きるために生きる」とか、「死ぬとき満足する、そのために生きる」とか、

「人なんて〝無目的〟的なのだ」といった字句を並べる。そして納得する。しかし僕らの中で、本当に悟っている者がいるのだろうか。これっぽっちの人生の経験は僕らに味方してはくれない。唯一の味方が科学だった。

このように無意識にも科学的な思考をしてしまう人は多いだろう。しかし、「いま」という状況を、「いまの」科学ですべて解決できるわけではない。私たちには経験に基づいた《直感》も必要なのだ。世界中、すべての人々はそれぞれの経験を積み、それぞれの考えをもっている。しかし考えが違っても、教育で塗りつぶせない心の奥にあるものは変わらないと信じたい。それをあたためて、《直感》を作っていけばきっと、暴力ではない、世界中で通じるものになるのだろう。

さて、教育という言葉を使ったが、僕は学校での調査活動などを通じて、人間の言動に関して、教育というのは予想以上に重要であると考えるようになった。教育は人間の心理や基本的な考えに大きな影響を及ぼすのである。ジェンダーという言葉がある。辞書では「生物学的な性と区別して、歴史的、文化的、社会的に作られる性のこと」と説明される。体力的な有利不利から、男が主、女が従という関係は、いまもなお続いているとされる。確かにそうした関係は続いているが、その原因は実は体力的な格差ではない。ほぼ同じ地理・気候の条件下の島々で、男と女の関係が逆転していたり、平等を長い間保っていたり、といった研究結果がある。この結果から、自然環境ではなく、文化、風習（教育）がどれだけ影響力があるかがわかる。何らかの理由で一度決まった関係が、教育者によって子どもに伝えられるのである。そしてそのような教育によって、国民感情がコントロールされてしまうことがあるのだ。僕が心配するのは、教育によって生み出された（あるいは消された）知識や感情だけでは、互いに真の意味で、つながり合うことができるかどうか疑問であるということである。だからこそ――それこそ直感だが――教育を超越するものの存在を期待したい。

いまの僕には少ししか《直感》がない。にもかかわらず《直感》を無視して、本来《直感》的なものにも意味を見いだそうとしてしまう。しかし、大切なのは「いま」という僕らのまわりの環であり、その環をどこまで広げられるか、その行き着く先が平和ということだろう。平和を純粋に平和ととらえられるようになるまで、経験を積んで、《直感》を大事にしたいと思う。そのことはけっして、科学を含め、さまざまな「考え方」の領域を侵すものではないし、間違った道ではないだろう。

この世の中で科学を無視することはできなくなったとはいえ、もう科学の神話は崩れかけている。頭ではわかっていても、なかなか抜けきらない。しかし、自分自身も少しずつ変わっていくだろうし、いつか、《直感》の本当の意味がわかる日が来るだろう。そう信じて生きていこうと思う。

おわりに

伊藤　哲司

このブックレットに収められた原稿は、二〇〇五年九月十七日に兵庫県の白陵中学校・高等学校の文化祭で講演させていただいたものをもとに構成したものです。「平和」をテーマにした文化祭での講演に、かねてからの友人である大阪教育大学の戸田有一さんが私を推薦してくださり、同校の谷川孝彦先生から講演依頼を受けました。このようなテーマで講演をするという機会はこれまで何度かあったのですが、中学校・高等学校の文化祭で話をさせていただくこと自体私にとって初めて、とてもいい経験になりました。さらに戸田さんから「講演録をブックレットにしてはどうか」という示唆を受けて、北大路書房の関一明さんに相談し、このような形にしてお届けできることになりました。まずこのお三方に感謝いたします。

このブックレットを作るという構想がもち上がったときから、私単独ではなく、同校の高校生たちと一緒に本作りをしたいと思いました。私の「非暴力」に関わるこの論は、若い人たちにとくに考えてみてほしいテーマであるためです。そこで協力を申し出てくれたのが、田中理菜さん・辻悠一くん・岩村宗千代くんの三人でした。彼らには、「私の講演を聞いて率直な感想や意見を寄せてほしい」と依頼し、寄稿をしてもらうことができました。またそれより前に、講演の録音記録から文字起こしをするのも手伝ってくれました。田中さん・辻くん・岩村くん、どうもありがとう。

三人が寄稿した原稿は、本書に掲載したとおりです。私論への批判も含めた率直な内容になっていると思います。読ませてもらってまず感じたことは、私論が必ずしもすんなりとは彼らに受け入れられないのだなということです。一言でいえば「理想的すぎる」ということでしょうか。しかしそれぞれ、私にとって思索を深めるうえで示唆的なことが書かれてありました。それらについて改めて、少しポイントを絞って、私なりの応答をしてみたいと思います。

＊　＊　＊

田中さんは、「子どもを怒る、怒ってたたくという行為が愛情をともなうものならば、除外するべきでない」と書いています。これはもちろん私が、非暴力の実践は身近なところから始めるべきで、手をあげない子育てをと主張したことに対応しています。田中さんも、「国家単位ではそうはいかない。何か不満があっても、すぐ戦争なんて絶対にいけない」と書いていますから、国家による暴力にはほぼ否定的で、しかしながら「人を思って怒るとき、殴るという手段も有効なのだ」と、育児や教育の場面で手をあげることは別問題であると考えているようです。

確かに田中さんが言うとおり、「たたかれたときは、痛いし腹が立つし、そのときはわからなくても、時間がたてば、自分の行動を深く反省することができるからわかる」といったことがあることを私も否定しません。「あのとき自分を殴ってくれる人がいたからいまの自分がいる」といった経験を語る人もいることも知っています。しかしこの手の「暴力」は、親から子どもへ、先生から児童・生徒へといった「上の立場の人から下の立場の人へ」という場合にのみ社会的に正当化されうるのであり、逆に子どもから親へ、児童・生徒が先生へといった「下の立場の人から上の立場の人へ」という場合はけっして正当化されず、その場合は常に社会の中で問題視されるという非対称の構造を有しています。

そのことを承知のうえでなお、育児や教育の中で「人を思って怒るとき、殴るという手段も有効」だとするには、手をあげないやり方――手をあげない子育てが可能であるのは、講演の中で述べたように、私自身が実践し実証しつつあるところですが――よりも手をあげるほうが「より有効」であるとする根拠づけが必要だと思います。しかしそのような根拠は、私が知る限りありません。むしろ上述のような対等ではない力関係の中では「暴力」が正当化しうるという含意を子どもに教えてしまう――田中さんが言うとおり、殴られた人が常に暴力的な人間になるとまでは私も考えませんが――のではないでしょうか。

手をあげない子育ては、そんなに気が長くなくてもできますよ。やってみればけっこう簡単なことです。「子どもに手をあげるという手段を放棄した」と宣言さえすればいいのですから。子どもの頃から短気だといわれてきた私にでもできるんです。田中さんも将来、人の親になるときがきたら、ぜひ実践してみてほしいなと願います。

＊　＊　＊

辻くんは、「個人や、小集団による非暴力の実践も大切」ということを前提としたうえで、「上からつまり、国、大組織による可能な限りの非暴力の実践」が大事であるとする論を展開しています。そのために「最初から暴力に憲法で歯止めをかけていたらいい」と考え、「伊藤先生が『憲法九条が現実に合っていないと簡単に言ってしまう前に憲法九条が謳う理想に現実を近づける努力がもっともっと必要なのではないでしょうか』とおっしゃたが、僕は実にそのとおりであるなと思う」と、私論のその点には同意してくれています。

しかし一方で、「自衛軍保持は避けられない状況にあるのかもしれない」とし、その理由として「実際に世界は変動してどうしても現状にそぐわないところが出てきている」とも書いています。なぜ現状の自衛隊ではなく自衛軍なのかは辻くんの文章では明らかにされていないのですが、国家にはやはり軍隊があって当然ではないか――世界のほとんどの国々が独自の軍隊をもっているのだし――という「常識」が辻くんにあるのかもしれません。確かにそれは、現在多くの日本人が感じはじめていることがらと符合しているようにも見えます。

私自身は、近代兵器を備えた現状の自衛隊でも大いに問題があると考えているのですが、これが自衛軍、つまり軍隊であるとされたときは、またそれとは比較にならないぐらい大きな問題が生じてくるとも考えています。軍隊は法的にも独自の論理を有するものであり、軍人が職務の中で引き起こした犯罪は、通常の司法裁判とは独立した軍法会議で裁かれることになります。それはすべて軍隊の中で行なわれるものであり、軍の論理が最優先されることになるでしょう。一般人が立ち入れない「聖域」が、そこにできあがってしまうことは間違いありません。

それに、講演の中で指摘をしたように、軍隊は究極的には国民を守りません。それは歴史が証明していることです。辻くんは、「自衛軍の規制、制限等を憲法に細かく記載する」と提案していますが、それが可能であったとしても、暴力のための手段を有した軍隊が、クーデターといったことも含めて暴走しないという保障にはならないと思います。手段は、それを使うことを誘発するわけですし、国家は、憲法の「足枷」をはずそうとするものだからです。軍隊をもつという選択肢ともたないという選択肢、長い目で見てそのいずれが安心して暮らせる社会につながる道かということを、もう一度考えてみてほしいと思います。

ただし私自身、現在の改憲の方向性には大反対ですが、現憲法を未来永劫にわたって金科玉条のごとく守っていかねばならないと考えているわけではありません。現在の憲法九条を、誤読されないようより明確化する――辻くんの発想は、それとはちょっと違うようではありますが――ことは可能だと思います。辻くんが最後に書いている「しっかりとした九条」について、いつかその具体的な案を聞かせてほしいものです。

＊　＊　＊

岩村くんは、私が非暴力への道を強く主張したことについて、「なぜこうも自信をもって断言することができるのだろう。なぜ非暴力の道を迷うことなく突き進めるのだろう」と疑問を提示しています。岩村くんの中には暴力否定と暴力肯定の「二面性」があるといい、その「どちらが正しいのかわからない」と言います。暴力否定は私にとっては自明のことなのですが、必ずしもそう素直に考えられない場合があることを改めて知りました。

しかし岩村くんは私の講演から「考える方法」について少しわかったと書いています。それは「科学的説明」に必ずしも依らない「経験に基づいた《直感》」だと指摘しています。「僕らが唯一使える道具が、『科学』という手法であり、とりわけ、その理論でガリガリやっていくしかない」と言うほどまで「科学」――ここで言っているのは近代科学ないしは自然科学という意味でしょう――に信頼を寄せているように見えることに、かえって私などは驚くのですが、それ以外の「考える方法」があるということに気づいてもらえたということなら、私の講演も多少は役に立ったのかなと思います。

非暴力への道をとるべきだという私論には、確かに理屈ではないものを含んでいると思います。それは、「命の大切さ」を言葉で説明しきれないことに通じています。もし岩村くんが、「憎らしい人をなぜ殺してはいけないの？」と小学生や中学生に問われたら、なんと答えるでしょうか。「君は殺されたくないだろ。だから憎い人でも殺してはいけないんだ」といった説明は、必ずしも説得力をもちません。「僕は殺されたっていいんだ。だからそいつを殺ってやる」と反論されたら、それまでだからです。

岩村くんの言う「経験に基づいた《直観》」――この場合むしろ「経験」というより「体験」と言うべきだという気もしますが――それが私の中にあるとしたら、それはたとえば古代米を自分で育てているという実践の中から、あるいはベトナムの戦争体験者の語りに耳を傾けてきた調査の中から、タイ・プーケットの津波被災地を歩いた体験の中から生まれてきているものだと思います。そして体験というものは、すべて言葉に変換できるものではありませんから――言葉に変換できた部分は「経験」と言い換えられます――それは似たような体験がベースにある人には伝わるだろうし、そうではない人にはいくら言葉を尽くしても伝わらないだろうし、そういうものだと思います。

「世界中、すべての人々はそれぞれの経験を積み、それぞれの考えをもっている。しかし考えが違っても、教育で塗りつぶせない心の奥にあるものは変わらないと信じたい。それをあたためて、《直感》を作っていけばきっと、暴力ではない、世界中で通じるものになるのだろう」とも岩村くんは書いています。人々の「心の奥にあるものは変わらない」かどうか私にもわかりませんし、世界の文化の多様性や個人の固有性を考えると、その部分では私はむしろあまり楽観的になれないのですが、いつの日にか「暴力ではない、世界中で通じるもの」が生み出されていくということを、私も希望として抱いていたいと思います。

＊　＊　＊

ところで、いまの田中さんや辻くんや岩村くんと同じく私が高校生だった頃に、ジョン・レノンが熱狂的なファンに射殺されるという衝撃的な事件が起きました。一九八〇年十二月八日の、奇しくも日本軍による真珠湾攻撃と同じ日付の日でした。高校一年生だった私は、熱心なファンだったクラスメイトが「ジョン・レノンが殺されちゃったよ……」と嘆いていたのをよく覚えています。世界の暴力に真っ向から反対した彼が、暴力で、しかも自分のファンに殺されてしまったというのは、なんとも皮肉なことです。

二〇〇二年八月、私は９・11のテロ事件約一年後のニューヨークを歩きました。そのとき、ジョン・レノンが殺されたアパートも見に行きました。彼が最後に暮らしていた場所に、一度は自分の身をおいてみたかったからです。彼の死後、四半世紀もの時間がたってしまいましたが、そのメッセージはいまも世界の多くの人々の心を掴んでいます。

Imagine there's no countries
It isn't hard to do
Nothing to kill or die for
And no religion too
Imagine all the people
Living life in peace

You may say I'm a dreamer
But I'm not the only one
I hope someday you'll join us
And the world will be as one

これは有名な「Imagine」の歌の一節です。私自身はこの歌で歌われているように、国というものがなくなったり、宗教というものがなくなったりするということは、世界から軍隊をなくすということ以上に難しいことではないかと正直思っています。それらがすべて取っ払われた世界が出現し、人々がひとつになって平和に暮らしているというのは、さしもの私もなかなか想像できません。でもあえてそれを「想像してごらん（imagine）」と歌ったジョン・レノンの心は少しばかり想像できるような気がします。それを臆せず堂々と自分の歌にし、世界に向けてそれを表現してみせたところに、彼の偉大さが凝集されています。

現在の日本社会は、「現実」という壁をいくつも突きつけられ、それにもろくもすぐに屈して、「理想」とは異なる方向にどんどん進んでいってしまっているように見えます。そこでいかに「理想」を追求すべき目標として共有していくか、そのための発想の転換がどうしても必要です。時代の雰囲気に流されることなく、何が大事かを冷静に見極めていくこと、そうした気持ちをとくに若者たちがもってほしいと願います。そこで若者がみずから「常識を疑うことは難しい」「批判精神をもつことも難しい」（田中さん）と言ってしまうのは、ちょっと残念です。それらは、発想の転換があったならば、そんなに難しいことではないのですから。それこそジョン・レノンが言うように「想像してごらん（imagine）」と、私も言いたいと思います。

＊　＊　＊

このような「理想」を語ることが、社会の中で卑下されたり嗤われたりする風潮があってはならないと、私は思っています。ただしこのように何かを主張することが、講演のなかでも指摘したように、ひとつの政治的な立場を生み出すことにもなります。そして、自分たちの「理想」に合わない考えをもつ人たち排除しようとし、ひいてはそのような人たちを攻撃していこうとするならば、それは明らかに矛盾と言わざるをえないでしょう。なぜならここでは、非暴力を貫こうということを「理想」としているのですから。非暴力という「理想」を、それを守ろうとする一種の暴力に変換させてしまってはなりません。

イラクに自衛隊が派遣されたことについて、報道カメラマンの石川文洋さんは、「あれは小泉さん（首相）が派遣したんじゃないんです。私たちが派遣したんです」と話していました。私は、小泉首相がイラク戦争を真っ先に支持したこと、ついには「戦闘地域」への自衛隊派兵を決めてしまったことについてはきわめて批判的です。でも「小泉糾弾！」と叫んだところで、問題は解決しないとも思っています。だってその小泉さんという人物をこの国の首相に据えているのは、他でもない私たち自身なのですから。糾弾すべき敵があると想定するならば、それは私たちの外側にあるのではなく、私たち自身の内側にあるのです。

その点をはき違えてしまうと、みずからを常に「正しいもの／善なるもの」という前提に暗黙のうちにおいてしまうという過ちを犯すのではないでしょうか。誤解をおそれずに言うならばそれが、真摯で誠実な思いをもった人たちによる労働運動や平和運動が陥りやすい罠ではないかと、私は常々感じています。

「理想」を睨みつつも、ドロドロとした現実の中で妥協を図っていかねばならない場面が多々あるのが実情です。それらをみずからの問題として引き受けつつ、そしてその中でどうにかして生きていきつつ、でも「理想」を語ることを忘れないでいたいと思います。

* * *

ところでこのブックレットで扱ってきたのは、「暴力」の中のまたごく一部の側面というべきかもしれません。「暴力」の中にはもちろん「言葉による暴力」というものもあります。私がいくら手をあげない子育てをしているとはいえ、子どもを叱らないということではありません。私もしつけを否定するつもりはなく、それはやはりどうやっても必要だと思うからであり、その中で子どもを叱るという場面がどうしてもあります。手をあげない分、むしろ言葉がきつくなっている部分もあるかなと思います。必要に応じてどう子どもを叱るかというのは、実に悩ましい問題です。

それから、社会の中に存在している差別の構造などは「構造的暴力」ともよばれ、それもこのブックレットではほとんど言及できませんでした。たとえば女性であるがゆえに、国籍が日本でないがゆえに、ある特定の地域の出身者であるがゆえに、不利な境遇におかれるといったことが、その種の「暴力」に該当します。このような「暴力」は、それを被っている側の人たちには自明のことであっても、被らせている側の人たちには、その自覚がなかったりするので、より深刻で解決が難しい問題だともいえます。そこにどうやって自覚的になり対応していくかは、私たちの社会の大きな課題だろうと思います。

こういった「暴力」の多様さについての考察は、私にとって残された宿題です。

＊　＊　＊

私の二人の姪っ子（宇野友香子さん〈小学五年生〉、宇野里彩さん〈小学二年生〉）と娘（伊藤茜さん〈小学四年生〉）に「みんなが楽しく公園で遊んでいる絵を描いて」と頼んでカレンダーの裏紙に描いてもらった絵が、にぎやかにこのブックレットの表紙を飾ることになりました。この子どもたちが安心して生きていける世界を作っていくことは、大人たちの最優先されるべき責務だと思います。このブックレットが与えられる影響は微々たるものかもしれませんが、それでもこれがきっかけで、「非暴力の発想」が少しでも広がっていくことを願います。私も、自分にできる「非暴力の実践」を、これからもささやかにしぶとく続けていきたいと考えています。

社会の中ではあまりいいことがなかった年の暮れに
二〇〇五年十二月三十一日　名古屋の実家にて
伊藤哲司

追記　本書の中ではふれられませんでしたが、「無防備地域宣言運動」というものがあります。ジュネーブ条約追加第一議定書（一九七九年）第五十九条で「いかなる手段によっても紛争当事国が無防備地域を攻撃すること」が禁止されていることを活用して、地域をあえて「無防備」にすることで、戦争からの離脱を図ろうとするユニークな運動です。まだそれが条例化された地域はありませんが、全国で広くそのような条例化をはたらきかけている人々がおり、私も注目しています。詳しくは以下のホームページを参考にしてください。

http://peace.cside.to/（無防備地域宣言運動全国ネットワーク）

田中　理菜（たなか・りな）

1988年　兵庫県明石市に生まれる

本作りに参加してみて，自分の中にあった少し曖昧な部分が整理されたのではないかと思っています。自分の語彙の少なさや表現力のなさを痛感しつつ，まあまあ自分なりにまとめられたようで，少し嬉しいです。

大学では法学や政治学を学ぼうと思っています。国際ボランティアに興味があるので，自分からも参加したり，世界の同じ年代の人たちと話をしてみたいです。幼い頃から音楽が好きなので，音楽療法士の勉強もしてみたいし，読書も好きなので，世界中のいろいろな分野の本をたくさん読んでみたいとも思っています。

将来は国際公務員のような職業に就きたいと思っています。アフリカなどで苦しんでいる人々や，世界中で起こっている環境破壊の進んでいる地域で働いて，少しでも苦しんでいる人々の役に立ちたいからです。これからも，世界の人々のことと平和を心に留めて何事も考えていかなくてはならないと思います。

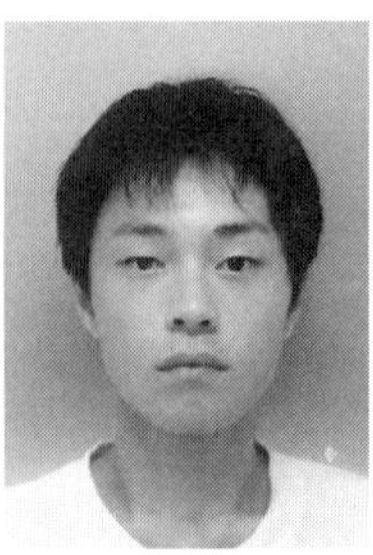

辻　悠一（つじ・ゆういち）

1988年　岡山県倉敷市に生まれる

以前から漠然と平和について考えることはあったが，講演を聞いたあとこのような形で自分の意見を文章に記すというのは初めて。いざやってみると文章にするのはなかなか困難なことであった。しかも本として残るのだからそれはもうドキドキだった。

この講演を聞いたあともいろいろ本を読んだり別の講演を聞いたりしたのだが，その都度思い知らされることは，いかに自分の思考が低い次元で行なわれているかということである。僕は知らないことが多すぎる。無知の状態であれこれ考え答えを出しても，つまらない答えしか出てこない。どうも僕は，まだそのレベルの低いことのループから脱却できていないように思える。だから，抽象的であるが，もっともっと多くの，人の考えや事実，などを勉強していきたいと思う。

将来したいことはたくさんある。これも抽象的であるが，多くの人とふれ合って意見交換ができるような仕事をしてみたいと思っている。

岩村　宗千代（いわむら・むねちよ）

1988年　兵庫県神戸市に生まれる

本作りに参加して思ったことは，『暴力』『平和』……戦争に関するという点で，戦後に生まれた僕らにとって，理解できそうでできないもの，なかなか実体のつかめないもの，そんな印象を受けました。考えれば考えるほどわからない。でも，その混沌の発見も，僕にとって新鮮でしたし，それを文章で，多少なりとも表現できたことには満足しています。

今後学んでみたいことについては，いまの状況では，目先のことばかりに追われているというのが本音です。たとえ，これからどんな分野を学ぶにしても，自分と人の意見の違い，この点は注目してみたいと思います。いろんな発見を期待してみたいです。

将来やりたいと思うことは，はっきり言って，どうなるかわかりません。ただ，人間として，漠然とではありますが，平和を望むものとして（社会にではなく，生きとし生けるものに）恥ずかしくない人間になりたいと思います。

伊藤　哲司（いとう・てつじ）

1964年　愛知県に生まれる
1987年　名古屋大学文学部哲学科（心理学専攻）卒業
1993年　名古屋大学大学院文学研究科（心理学専攻）満期退学
1993年　茨城大学人文学部講師
1996年　茨城大学人文学部助教授
2006年　茨城大学人文学部教授（専攻：社会心理学）現在に至る
1995年　博士（心理学，名古屋大学）
1998年５月〜1999年２月　文部省在外研究員としてベトナム（ハノイ）滞在
ホームページ　http://www008.upp.so-net.ne.jp/tetsujiyuko/

主な著書

『アジア映画をアジアの人々と愉しむ：円卓シネマが紡ぎだす新しい対話の世界』（共編著）　2005　北大路書房
『改訂版・常識を疑ってみる心理学：「世界」を変える知の冒険』　2005　北樹出版
『動きながら識る　関わりながら考える：心理学における質的研究の実践』（共編著）　2005　ナカニシヤ出版
『ベトナム　不思議な魅力の人々：アジアの心理学者　アジアの人々と出会い語らう』　2004　北大路書房
『心理学者が考えた「心のノート」逆活用法』　2004　高文研
『ハノイの路地：その探索（Ngõ Phố Hà Nội : Những Khám Phá）』　2004　作家会出版社（ベトナム語）
『ハノイの路地のエスノグラフィー：関わりながら識る異文化の生活世界』　2001　ナカニシヤ出版

「軍は民間人を守りませんよ。逆に民間人も殺すんです。沖縄がいい例。ベトナムがいい例です。私は最後の一人になっても言い続けますよ。軍隊はいりません。」

報道カメラマンの石川文洋さんが，2006年明けの新聞で書いていました（毎日新聞2006年１月６日)。ベトナム戦争等の最前線を歩き戦場のありさまをつぶさに見て歩いてきたジャーナリストの重い言葉です。尊敬するジャーナリストである石川文洋さんや中村梧郎さんに比べたら，私などもちろんまだまだ体験が足らないのですけど，私も「軍隊はいりません」と「最後の一人になっても言い続け」たいと思います。

高校生たちとの対話は，私にとっても刺激的な経験となりました。三人の優秀な若者たちが，今後どのような展開をしていくのか，注目していきたいと思っています。

今回の若者たちとの対話，ここで閉じてはならないとも思います。本書を読んで，ぜひ感想等をメール（tetsuji64@ybb.ne.jp）でお寄せください。いただいたご意見に対しては，できるかぎり私のHP上で応答できるようにしていきます。

北大路ブックレット【01】
心理学者は問いかける

非暴力で世界に関わる方法

2006年4月5日　初版第1刷印刷
2006年4月15日　初版第1刷発行

定価はカバーに表示してあります

著　者　伊藤　哲司
発行所　㈱北大路書房

〒603-8303　京都市北区紫野十二坊町12-8
電話（075）431-0361㈹
FAX（075）431-9393
振替　01050-4-2083

印刷・製本／亜細亜印刷㈱
検印省略　落丁・乱丁本はお取り替え致します。
ISBN4-7628-2488-7　Printed in Japan